LEJOS DEL AGUACERO

SONÁMBULOS
EDICIONES

LEJOS DEL AGUACRO
Colección MACASAR

Primera edición: septiembre de 2024

© De los poemas ¬ Rosa Ortega Sánchez
© Fotografía de portada ¬ Soco Martínez
© Diseño de la colección ¬ Daniel Fajardo
© SONÁMBULOS Ediciones

www.sonambulosediciones.com

ISBN: 978-84-128401-6-2
Depósito legal: GR 973-2024

Impreso en España

LEJOS DEL AGUACERO

ROSA **ORTEGA SÁNCHEZ**

MAC∀SAR
COLECCIÓN

Qué alegría poder encontrarnos en las palabras.

Si no les pones nombre a tus demonios,
nunca sabrás cómo combatirlos.

Lucía Etxebarría

UN VIAJE INTERIOR

Juana García Jordán

El libro empieza con esta frase: «Qué alegría poder encontrarnos en las palabras».

El poder de las palabras. "Al principio fue el verbo..."

Una palabra da más calor que una manta, ¡dicen!; y también: no hay un arma de ataque más peligrosa que la lengua. Una palabra hiriente, lanzada con odio, como un cuchillo... puede desgarrarte profundamente; y una palabra de consuelo en el momento justo te puede arropar, proteger y abrigarte el alma. Puede ser un trampolín a la esperanza.

La poesía son palabras y como dice Eduardo Galeano: «Si la uva está hecha de vino, quizá nosotros somos las palabras que cuentan lo que somos».

Este mundo que va tan rápido: móviles, inteligencia artificial... Este mundo en el que cada vez tenemos menos tiempo para todo y para nada, este mundo que nos lleva acelerados, ¿Qué lugar le deja a la poesía? Muchos expertos piensan que el género adecuado para esta época vertiginosa sería la novela, los cuentos, pero algo corto, para subir o bajar del autobús, del metro o del ascensor o esperar en la peluquería o en el dentista. En cambio, los libros que hacen furor son verdaderos *tochos*: hemos pasado de *Juego de tronos, El corredor del laberinto, Los juegos del hambre...* (distopías tremendas en varios volúmenes tremendos), a la novela romántica que nos inunda con un tamaño considerable y también en varios tomos.

¿Y la poesía?

Pues la poesía sigue siendo ese remanso, ese rincón para sentir, para ordenar este mundo caótico y valorar lo que de verdad importa, lo que nos permite organizar nuestras prioridades y lo que hace convivir el pasado con lo que somos ahora, con todas nuestras contradicciones. Son cápsulas de memoria porque recordar es etimológicamente pasar otra vez por el corazón.

La poesía es tal vez el más minoritario de los géneros literarios, pero como dijo Pedro Salinas: «La poesía es encontrar la esencia de la realidad, descubriendo el tiempo y sus interrogantes». Y añade F.G.Lorca: «Poesía es la unión de dos palabras que uno nunca supuso que pudieran juntarse, y que forman algo así como un misterio». O Mario Vargas Llosa: «La poesía es un género en el que solo cabe la excelencia». Y Mario Benedetti: «Por más que la industria editorial considere la poesía como la gran Cenicienta de la literatura, siempre será la verdadera alma del mundo».

Y es que comprimir el pensamiento y el corazón en las pocas palabras que constituyen un poema, eso es magia. Y lo creo y lo siento así, no hay otro género que llegue tanto y en tan poco tiempo. Pero como todo lo bueno, la poesía no se capta al primer golpe de vista, la poesía requiere una lectura profunda y una re-lectura para revelarnos como una luz su mensaje, para que estalle en nuestra mente y en nuestras entrañas, para ligarlo a algo vivencial y sentir que eso es así, que tú también has vivido eso. La poesía exacerba nuestras connotaciones, nos hace vivir otra vez cosas vividas, nos devuelve a la infancia, a los padres, al amor en su inicio y en su fin, a las pequeñas cosas y a las grandes. Si un poema te hace sentir, te hace pensar, te hace reír o llorar, le da una vuelta de tuerca a la realidad a la que mira desde ángulos que no habías ni imaginado... eso es buena poesía.

Y la poesía permite armonizar forma y fondo. No es solo lo que se dice, sino cómo se dice.

Pues vamos a disfrutar el libro de Rosa Ortega, porque en este libro nos acerca a su mundo poético y nos lleva de viaje por su interior. Empieza con ese rincón, ese refugio que es la poesía cuando te pierdes. Los temas de la literatura, de la poesía, son eternos desde la antigüedad hasta ahora, pero Rosa les aporta una mirada nueva, un ángulo que te sorprende y, como la buena poesía, te hace escudriñar en tu interior, te aprieta el corazón. Me gustaría irme de viaje con esa lámpara que sueña con vivir las aventuras que guardan los libros, que ilumina en una personificación que te hace a ti anhelar su deseo secreto. Otras veces te lleva de viaje por el tiempo, te devuelve a ese "tiempo diáfano" de la infancia, a la figura protectora del padre, refugio seguro, que te abre a la vida y a ese porvenir de puntos suspensivos. Te hace recordar desde la pérdida a varios autores como Miguel Hernández y Almudena Grandes con la cárcel y la memoria de fondo. Te hace pensar en los diferentes tipos de amor, a sorbos, de golpe, de mentira, a los seres perdidos... El amor que incluye a su mascota; ¡y cómo no!, le canta al desamor, a los amores que nunca fueron, al irremediable camino hacia el olvido y a la vez a su imposibilidad: «A desamar lo prescindible». Un desamor que lo impregna casi todo, hasta la gramática:

De mis puntos suspensivos
sacaste un hiriente
punto final.

En su poesía percibimos una fuerte consciencia de sí misma y de la realidad más amarga que nos rodea, del dolor y la solidaridad por los semejantes que sufren las guerras, por los que buscan un país en paz para vivir, con una defensa de la mujer

15

sin tópicos ni miradas trilladas. Tiende su mirada crítica sobre la caída de los mitos, la religión, el dinero, la memoria.

Este es un libro lleno de emociones, a veces de dosis pequeñas de pensamiento y de ironía. Habla de la inspiración como un golpe de suerte, pero en su caso, como en los autores del romanticismo, ella es capaz de ver la poesía que se esconde en todas las cosas, en los pequeños detalles, en los momentos que a fin de cuentas constituyen el camino de la vida. Quizás, como dice Borges, este libro confirma que «La historia universal es la historia de unas cuantas metáforas».

Se derriten al sol
las alas que les pongo a los recuerdos.
Amalia Bautista

CUANDO ME PIERDO

Hay un sitio recóndito,
secreto, inaccesible,
solo para mí,
donde me escondo de la vida
cuando sangra el hastío.

Un tiempo de arena
sobre una vitrina resquebrajada:
le soplo mi prisa
y no se inmuta.

Retiro sin trampas ni espejismos,
discreto erial
al que siempre regreso
cuando me pierdo.

DIARIO DE MELANCOLÍA

Sentada en la nostalgia
me aclimato al silencio
y te rescato.
Los recuerdos mal planchados
y una discreta cicatriz en el envés.

Sobre arenas movedizas
pájaros ahogados.

Con frases incendiarias y sabotajes,
se agrietó la confianza
como tierra seca.

Esquinas rotas,
espejismos de duda.

Me levanto despacio del letargo,
mi resignación se ha vuelto indisciplinada.

FANTASÍA

Sueño que sueñas conmigo.

Me despojo
de todas las mentiras
para salvarte de mí,
y te susurro el nombre
con el que quiero que me recuerdes
si despiertas
y aún me piensas.

Te traigo a un mundo mágico
para esconderme contigo
si vienen los malos,
para invisibilizarte
si me acusan
de fomentar tu debilidad.

He soñado contigo,
espacio distendido
por donde deambula,
disfrazado, el amor.

23

DESCONSUELO

El dolor que escondemos
nos vuelve opacos,
nos desarraiga.

Es un tiempo de bruma,
en mares calmos,
que envejece la barrica
y no madura el vino,
que presagia malos augurios.

Un foso de escaleras invertidas,
un amarre de nudos,
un grito sin voz.

Es una herida sangrante que,
como rabia desconchada
apesta a soledad.

ARTIMAÑA

Para que tu desamor no me dañara
le busqué una habitación al fondo de la casa,
cerré la puerta,
tapié la ventana,
le quité tu nombre
y cuanto de ti llevaba,
y regresé a la vida,
sin mí,
como si nada.

De *Te puedo contar*

ANACRONISMO

Como algunas flores
que rebrotan en otoño,
a destiempo,
reapareces.

Me embriagas la memoria,
deshojando versos
y quimeras.

Vuelves del pretérito imperfecto
a mi presente cotidiano,
tan distinta,
tan igual,
como una flecha envenenada,
directamente al corazón.

LABIOS

Me gustan mis labios:
cómo sienten,
cómo besan,
su sonrisa que
desatasca la dualidad
y se salta todos los preceptos.
Adoro su fuego
cuando incendia
el resto de mi cuerpo.
La cadencia de su seducción
y su arrojo,
la ternura de su voracidad,
las reglas sacras
que me han enseñado a transgredir.

DEPRESIÓN

Tu tristeza,
sobre una silla vacía,
asomada a una ventana
que nunca dará al mar.

RESISTENCIA

Mientras la emoción descarga
su aguacero y espanta
a la niña que fui,
la mujer que soy
aprendió a desamar
lo prescindible.

A VECES PREFIERO ESTAR LEJOS

de tigres y serpientes,
de tundras y desiertos.
Encontrar un resquicio a la certidumbre
que desarropa mi desvelo,
un amuleto
que me ayude a soñar
con los ojos abiertos,
para dejar de ser yo
por un momento
y como la bolsa soñadora de Iribarren
viajar
libre de miedos.

IMÁGENES

Tú, el cielo.
Yo, un pájaro.
Nosotros, la jaula.

De *Palabras impares*

DESEOS

No quiero una mujer de agua transparente,
de espuma, barro,
fuego o cristal.
Una mujer de abrazos y escondites,
impoluta, previsible, moderada.
No quiero una mujer terrestre,
de seda, cemento o sal.

Yo quiero una mujer apátrida,
imperfecta, lunática, febril,
cuentacuentos en noches de alquimia,
hambrienta, permeable...

Imprescindible que sepa volar.

De *Te puedo contar*

Muerte es que no nos miren los que amamos.
Gloria Fuertes

SOLEDADES

No saben en qué punto
dejaron de entenderse,
qué estertor predijo
la agonía de su aniquilación,
qué incertidumbre
los desalojó del cuerpo compartido
y los cubrió de una pegajosa nostalgia,
volviéndolos irascibles y cobardes.

No recuerdan cuándo
dejaron de quererse,
si fue el silencio
con su punzante indiferencia,
o la indiferencia
que buscó en el silencio la contraseña.

Dos fantasmas
que se tienen miedo,
dos esquivas soledades
atrapadas en la misma jaula.

No recuerdan el sabor del amor
cuando se besan,
pero se abrazan a la rutina
y se soportan,

unos días mejor, otros a ciegas,
siempre alerta,
masticando despacio,
muy despacio,
la contradicción y el asco.

EN LA DISTANCIA

Tus dedos hablan,
teclean palabras que abrirán
un resquicio de esperanza,
una tenue posibilidad
que rompa,
aunque sea un poco,
la coraza.

Mientras yo,
en la orilla contraria,
envío señales de humo
al Dios de lo imposible,
y disimulo
estas ganas terribles de abrazarte.

Ojalá tu paciencia lo comprenda
y llegue a tiempo.

AMORES COTIDIANOS

Hay quienes aman a sorbos,
poco a poco,
con una lucidez glacial,
otros lo hacen de golpe
desde el estridente vocear
de los naufragios.

Hay amores tan nimios
o tan desproporcionados,
que nadie ve,
y amores de mentira
en los escaparates
de los grandes almacenes.

Amores de papel
para jugar con el viento:
otros que, de puntillas,
lo alcanzan todo,
los amores infelices
que infectan cuanto rozan
y aquellos que, con cosquillas,
nos hacen sonreír.

Amores simulados
que dejan un regusto amargo
y esos otros, invisibles,
que nunca fueron,
latentes en los cimientos
de los demás.

CUANDO TE FUISTE

La soledad se volvió desconfiada.
Desordené los números y las voces
para no llamarte.
Me senté a los pies de la pereza,
acurrucada en el dolor,
y dejé abierta la ventana
por si acuciaba
el deseo de saltar.

Confieso que recé
pero ningún Dios
mostró clemencia.

Me fui desligando de ti
con la serenidad del desencanto,
hasta hacer la tristeza comestible.

En el declive de mis días
reapareces
como el fantasma de un tiempo feliz.

Perdida la memoria del amor,
no puedo reconocerte.

DUALIDAD

Tras la ruptura,
tú no pedirás perdón,
yo no querré perdonarte,
y mil cuervos
de mil infiernos
nos picotearán el corazón.

Pero seguiremos respirando,
casi intactos,
porque ese mismo odio
mantendrá vivo el amor.

DOS DESCONOCIDOS BAJO LA LLUVIA

Revolcada la noche contra el frío
resulta más apetecible el amor
y, contra todo pronóstico,
vencemos el pudor
y la distancia de la cordialidad.

Un deseo promiscuo
que tapiza la piel
nos invita a desnudarnos.
Amantes furtivos
a la caza del placer sin andamiaje.

Si alguien nos acusa,
siempre podremos culpar al frío
o a la lluvia.

DESATINO

En los bolsillos rotos de mi corazón
guardaste una moneda,
tu última moneda,
aquella que reservabas
para los días de desamor,
y me culpaste a mí de perderla.

PREGUNTAS

Responderé una mentira
que simularás creer.
Luego me abrazarás
y me amarás
como tú sabes.
Cuando regrese la luz,
perdidos entre el tumulto
y la costumbre,
deshilachadas las contradicciones,
fingiremos ser felices.

No volverás a preguntarme si te quiero.

De *Palabras impares*

FUTURO

Un día llegará
en que estas cosas con las que tropiezo
cada vez que te pienso,
resulten indoloras.

Un día para emborrachar
estas ganas de ti
y reírme de mis torpes payasadas.

Un día de regocijo y fiesta,
donde tú solo seas
el roce circunstancial de algún poema.

DESBROZAR

Tengo que aprender
a alejarte del quizás
para salvarme.

TIERRA DE MAR Y FUEGO

Minuciosamente me enseñaste
los recovecos de tu ciudad,
tu isla de lagartos y montañas,
el azul del mar desde tus ojos.

Al compartir nuestra intimidad
temiste volverte vulnerable
y me enfrentaste
como un animal herido.

Pero ya tu ciudad era mía
y sus voces demasiado familiares
para inclinar la balanza del otro lado.
Ya el mar de tus naufragios
conocía mi nombre.

Fue inútil convencerte
con el pensamiento y la carne,
con las gotas de amor
que derramaba tras de ti.

Quemaste tu ciudad
con nosotras dentro.

VALENTÍAS Y QUIMERAS

Para el amor
no bastan la pasión
ni el entusiasmo,
la fuerza o la costumbre,
las ganas o el desparpajo.

Hay que relegar lo aprendido,
emborrachar la prudencia,
destetar el ego,
romper cadenas
y correr,
correr como locos
al precipicio,
lanzarnos
y, con suerte, volar.

DICOTOMÍA

Teniendo en cuenta
que ya no te quiero,
necesitaré algún pretexto
para este descalabro
de tropezar en ti
con tanta asiduidad.

TAMARINDO

Llovía intensamente,
rayos y truenos enfurecían
a la selva circundante.

Sentí el miedo de estar lejos.

Tú buscabas la foto mágica
del momento,
como un niño
que hubiese perdido la noción del tiempo.

De pronto me miraste
con la ternura del amor,
y sonreíste.
Comprendí que mi hogar
era tu cuerpo.

Lejos del aguacero.

GOTAS DE LLUVIA

Te puedo contar
que dejó de llover,
que sigo en la cama
como una muñeca abandonada,
que tengo los pies fríos
y la rabia demasiado caliente,
que siento tu abandono
enroscado en la garganta,
la autoestima peligrosamente
rozando la hipoglucemia,
la sensibilidad en carne viva.
Mientras busco tu olor entre las sábanas,
los rescoldos, repartidos por la habitación,
llenan de fantasmas la conciencia y el alma.

—Ya no te amo,
y un miedo anfibio
me devuelve al fondo del mar.
Quisiera no entender tu idioma
para poder rastrear
las huellas de otra historia
menos dolorosa.
Quisiera la tristeza de golpe
para intentar vencerla en una sola batalla.

Te puedo contar
que empezó a amanecer
mientras te pienso
entre gotas de lluvia y lágrimas,
aunque lo más probable
es que no te importe nada.

De *Te puedo contar*

GRAMÁTICA

Entre paréntesis
busqué interrogantes
y sentencié aforismos.
Con las mayúsculas
hice una guarida
y me escondí.
Acentué aleatoriamente
verbos irregulares,
sustantivos abstractos,
adjetivos indefinidos.
Gocé la libertad de inventarme
palabras y mentiras
mientras jugaba contigo,
poniéndole diéresis a tu amor.
De mis puntos suspensivos
sacaste un hiriente
punto final.

De *Palabras impares*

Manos como puentes,
como poleas,
como faros.
GRACIA MORALES

POETA ENJAULADO

Sangre de cebolla,
silencio y hambre,
pájaro atrapado
en un temporal
de odio y escarnio.

Niño sin pan,
mujer sin abrazos,
los pies desnudos
sobre los cristales
de la sinrazón.

Un hombre sin libertad,
patria ni bandera,
emborrona versos
con la voz rota,
el llanto escondido
y la esperanza desencajada.

UN TIEMPO DIÁFANO

Nada es como fue, sino como se recuerda
Valle-Inclán

La tarde somnolienta
tumbada al sol,
aquel pueblecito perdido
que besaba el mar,
un porvenir de puntos suspensivos.

El mundo, distraído,
nos dejaba jugar
al libre albedrío,
la inocencia como parapeto
de las cosas serias.

Mis pies sobre una arena
de castillos y fantasmas inofensivos,
mi geografía protegida
de vientos y mareas.

Me recuerdo pequeña
y te recuerdo fuerte,
sentada en tus hombros
me hacías crecer.
orgullosos los dos de aquella sincronía.

Qué fácil resultaba ser feliz
mientras desabrochaba la vida
con sana curiosidad.

La casa luminosa,
el calor del hogar en tu abrazo
y tu serenidad
escribiéndome el futuro.

MUJER BANDONEÓN

Gacela libre,
bulliciosa,
desinhibida,
música ondulante
al compás de sus matices,
caricia que el viento desenreda.

Perla sin mácula,
discreta ambición de lo perfecto,
artemisa sin miedo.

Rosa encrespada,
delirio y trampa.

ANTONIO

In memoriam

Desde el desconsuelo
de esta orfandad repetida
le hablo a tu recuerdo.

Para compartir contigo
las últimas horas,
los últimos minutos de tu destierro.
Para preguntarte
si la muerte te ha herido
o te ha salvado,
si habitas este paraje taciturno
en que te busco,
si me echas de menos
tanto como yo a ti.

Mientras juegas a esconderte
en el perfil de algún desconocido,
yo escudriño tu silencio y te comento
cosas cotidianas.

En este mundo de espejos
las cicatrices del amor son invisibles.
Ojalá el dolor no llegue
allí donde estés.

LILITH

Soy la serpiente
que no descansa,
que sacrifica los vástagos de otras hembras,
que te arrancará el corazón si te acercas.

Soy la mujer de arcilla
que parió la tierra,
superior a Adán en inteligencia,
orgullosa y libre,
que elige fornicar con los demonios.

Soy la ladrona de semen
que infectará tus sábanas y tu mente,
el cuerpo que nunca yacerá debajo de ti
y al que nunca podrás poner cadenas.

Soy la derrota de tu Dios,
el diablo que embellece
las cenizas del Edén.

EL ECO DEL SILENCIO

Mi madre tiene una herida
en el amor
que el puñal de tu indiferencia
mantiene abierta.
Al mirarla a los ojos se adivina
una tristeza de raíces
y semillas
en tierra baldía.

Mi madre no habla de su miedo
para no herirme a mí,
pero sé que llora
cuando está sola
y que la soledad
no es buena consejera.

Mi madre está muy cansada
de arañarle a la vida las migajas
y una llamada tuya
bastaría para sanarla.
Pero andas distraído
en un tiempo ajeno,
embistes tus propias negaciones
y defiendes con orgullo un condominio
que ni siquiera es tuyo,

arrastrado por una prisa
que te devorará.

Mi madre tiene más de ochenta años,
le encanta contar historias viejas
para mantener vivos sus recuerdos
mientras piensa en ti,
porque sigue queriéndote
sin cortapisas.

Mi madre está envejeciendo
serenamente.

No vengas cuando sea tarde
para un abrazo.

MÁS TRISTES Y MÁS SOLOS

A Almudena Grandes

Valiente en el amor
y en la tragedia.

Bandera de los amordazados,
arma con que desenmascarar
a los ladrones de la historia
en esta España cuarteada
de pandereta y balas.

Mentiras desenterradas,
la conciencia cavando la tierra
y el corazón en el exilio de los expoliados.
Con biografías resilientes
pones voz al silencio generacional
y reivindicas ese pasado
que nos obligaron a olvidar.

Te has ido a descubrir nuevos laberintos,
pero dejaste en tus libros
el antídoto contra la desmemoria.

Los muertos y sus verdades
se han quedado más tristes
y más solos.

EL FRAUDE DE UN MITO

Explotabas el estereotipo
de la normalidad,
un héroe en zapatillas
que nos hacía soñar con lo imposible.

Tras la fachada,
los escombros de la moral
te harán tropezar
en tus contradicciones.

Qué pena que acabes
siendo un títere,
abanderado de un régimen
misógino y brutal.

LOCUELO DE CUATRO PATAS

Satélite de mis quehaceres
y mi rutina,
anudado a mi vida por azar.

Peluda caricia vespertina
que espanta los sinsabores
de un largo día.

Husmeas con tu hocico lo invisible
mientras intentas aprender
los olores de la cotidianidad,
y te acurrucas
en el rincón más cálido del hogar,
donde las horas
se desordenan ociosamente.

Huyes del ruido
enrollado en mis pies,
para que yo te calme el miedo.

Pasan rápido los años
en esta convivencia domesticada.
Vamos envejeciendo
como niños
sin dejar de jugar.

MARIANA PINEDA

Quisieron ponerte de rodillas,
a garrote vil silenciar
tus ideas y tus palabras,
con delitos y patrañas justificar
su desmedido deseo de venganza.

Una bandera amortaja la libertad
y se desangra
por las calles empedradas
de tu Granada.
Esta ciudad inmisericorde y altiva
te da la espalda,
envuelve en su cobardía tu lealtad
hasta asfixiarla.

Después te harán una estatua
y pondrán tu nombre a una plaza.

Granada, pobre Granada,
que mal pagas
a quienes tanto te aman.

RIOTINTO

A Miguel Gil y su «Memoria del barro»

Un mundo mágico
de colores extraños,
donde la vida
se vuelve infinitesimal
y el tiempo viaja al origen.

Binomio de hierro y agua
que un ojo hábil
—tras una lente—
convierte en arte.

Me duermo prometiéndome que,
mientras sea capaz de recordar lo suave
esta áspera verdad no podrá contagiarme.

Olalla Castro

UN NIÑO EN ISRAEL

Exijo el derecho de nacer
sin tu odio enganchado a mi placenta,
para poder besar
esta tierra y sus raíces
sin amenazas.
Que tus bombas
no llenen de cicatrices mi futuro,
que no utilices mi fragilidad
como escudo.

Exijo la dignidad de ser libre
junto a otros niños libres,
que el mundo no invisibilice
el hambre o la codicia,
que los que hablan de paz
se pongan en serio a trabajarla,
para no enfrentarme a él,
que ha nacido al otro lado de la franja
con las mismas ganas de vivir que yo.

No quiero alimentarme de esa rabia
que os pudre las entrañas,
ni que en mi nombre
justifiquéis un genocidio,
ni que robe mi niñez
ningún Dios sangriento.

Exijo el derecho de nacer,
de vivir, de respirar
sin las ataduras de vuestro miedo.

INSPIRACIÓN

Aunque pienses que eres tú
siempre es ella,
indisciplinada, caprichosa,
pero tan seductora.
Y aunque creas saber dónde está
te desordenará las estrategias si la buscas,
omnipresente y solitaria.

Nunca será tuya
aunque despliegues todo tu encanto
para conquistarla,
y será un golpe de suerte
si ella te encuentra a ti.

INTERROGANTES

Había una vez
un tiempo antiguo
donde tú y yo
no éramos organismos conscientes.
¿Pero dónde poner
el principio de ese tiempo?
¿Podremos pasear por él
o detenerlo en un eterno presente?
¿Dónde empezar a contar
el fin del cuento?
¿Nuestra existencia es cíclica o lineal?

¿Será nuestra vida
un libro plúmbeo
o un guion que acatamos dócilmente?

AFGANISTÁN

Un hombre que abulta
siglo y medio,
una niña destrenzada
a navajazos.
Con su vínculo,
la sacralización de la barbarie.

Un pueblo opaco
y un Dios entronizado
para legalizar el ritual.

Maldita simiente
que en una tierra tan bella
os permitió crecer.

Malditos quienes creen
que no hay nada que hacer.

FELICIDAD

El olor del café recién amanecido.
El abrazo de un amigo,
sauce encorvado sobre un aljibe.
La risa espontánea de un niño.
El baile de los estorninos.
El sabor de los besos.
Las ramas de los árboles frutales
en primavera.
La acuciante necesidad de la soledad,
territorio libre de los desposeídos.
La indisciplina del deseo.
Los extraños designios del azar
que siempre te regresa.
Honestidad suficiente para cubrir
de tolerancia mis errores
y esperanza de luz para mañana.

ESPAÑA SUMERGIDA

Bajo embalses y pantanos
pueblos engullidos por el olvido,
donde los peces tejen hilos invisibles,
y las hormigas se asfixian
en un mar de nubes blancas.

Repican las campanas
de la iglesia abandonada,
para que la luna baile
sobre un horizonte de agua,
en un mundo de espectros,
de vacas que paren ciervos
para escapar
de la maldición del valle.

Hay un pueblo ahogado
con sus calles de adoquín,
que ya no tiene nombre
ni destino en que ubicarse,
con un reguero de muertos
amarrados a sus raíces
y el eco de una derrota colectiva.

La tierra que se anega se vuelve estéril,
el mar que se amuralla
se convierte en cárcel.

PECUNIA

De cincuenta céntimos a diez pesetas
el precio de la bula,
para una abstinencia menos rigurosa.

Bastante más la promesa
de liberar del purgatorio.

Cuarenta euros, voluntad aparte,
purificar al recién nacido.

Noventa euros más IVA
una misa por la salvación del finado.

¿Cuánto por un todo incluido en el paraíso?

Para empezar a ahorrar,
por si acaso.

ANHELOS

Una lámpara de pie
refinada, elegante, orgullosa,
algo soberbia.
Una lámpara aburrida
en un rincón del salón,
atada al cable
como un cordón umbilical.

Su curiosidad explora
los libros de aventuras que,
de vez en cuando,
ponen a su alcance,
mientras imagina para sí
cuevas escondidas,
laberintos insondables
o, simplemente,
algún monstruo esquivo bajo la cama.

Inconformista lámpara de pie
con un secreto deseo
de ser linterna.

GRIETAS

Un Dios pequeñito y juguetón
se nos ha colado en el Edén,

nos ha devuelto nuestra carcasa humana
y la conciencia de especie superior.

Los árboles corren asustados
monte abajo.

FRONTERA

Lo han matado
al intentar atravesar
una frontera
y no tiene nombre,
ni ataúd,
ni llanto,
ni rabia
que lo defienda.

DÍAS DE GUERRA

A esta primavera le han robado la poesía
para arrojarla a un jardín
de cadáveres.
Espacio sin florescencia que vomita
palabras de un idioma
que no entiendo.

Esta primavera malquerida,
caricatura
de un continente desdentado,
está indefensa,
mordida por un lobo
y perseguida.

No hay refugio
que pueda proteger nuestro futuro.

ÍNDICE

SONVMBULOS
EDICIONES